D1008687

¡Buen perro!

por Susan Ring

Consultant: Robyn Barbiers, General Curator,
Lincoln Park Zoo, Chicago, Illinois

Libros
sombrilla
amarilla®
para lectores principiantes

Libros sombrilla amarilla are published by Red Brick Learning
7825 Telegraph Road, Bloomington, Minnesota 55438
http://www.redbricklearning.com

Editorial Director: Mary Lindeen
Senior Editor: Hollie J. Endres
Senior Designer: Gene Bentdahl
Photo Researcher: Signature Design
Developer: Raindrop Publishing
Consultant: Robyn Barbiers, General Curator, Lincoln Park Zoo, Chicago, Illinois
Conversion Assistants: Katy Kudela, Mary Bode

Library of Congress Cataloging-in-Publication Data
Ring, Susan
  ¡Buen perro! / by Susan Ring
    p. cm.
  ISBN 13: 978-0-7368-7350-5 (hardcover)
  ISBN 10: 0-7368-7350-3 (hardcover)
  ISBN 13: 978-0-7368-7424-3 (softcover pbk.)
  ISBN 10: 0-7368-7424-0 (softcover pbk.)
  1. Dogs—Juvenile literature. I. Title. II. Series.
  SF426.5.R58 2005
  636.7—dc22

                                        2005016209

Adapted Translation: Gloria Ramos
Spanish Language Consultant: Anita Constantino

Photo Credits:
Cover: Image Source Photos; Title Page: Brand X Pictures; Page 2: Corbis; Page 3: Tom
Nebbia/Corbis; Pages 4 and 5: PhotoDisc Images; Page 6: AP/Wide World Photos; Page 7:
Bob Crisp; The Daily Home/AP/Wide World Photos; Page 8: Tom Carroll/ZUMA Press; Page
9: Nina Long; The Tennessean/AP/Wide World Photos; Page 10: Sangjib Min; The Daily
Press/AP/Wide World Photos; Page 11: Corbis; Page 12: The Kennel Club Picture Library;
Page 13: Guzelian Photography; Page 14: Corel; Page 15: Greg Lynch; Journal News/AP/
Wide World Photos

1 2 3 4 5 6 11 10 09 08 07 06

Contenido

Introducción

Los perros son buenas mascotas. Juegan con pelotas, corren y saltan. **Cuidan** sus casas. Los perros son buenos compañeros.

Los perros también ayudan a la gente.
Hay perros que tienen responsabilidades
importantes. Algunos van a escuelas
especiales para aprender sus trabajos.

Los perros ayudan

Estas ovejas pueden comer el pasto y andar por dónde quieran. El granjero no quiere que se pierdan. ¿Cómo las mantiene juntas?

Un **perro pastor** lo ayuda. Este perro corre y ladra para mantener las ovejas juntas. ¡Buen perro!

Un **perro guía** ayuda a esta señorita
ciega. Ella agarra su **arnés**. El perro
la guía mientras caminan juntos. Ella lo
lleva por todas partes.

El perro usa sus ojos y sus oídos para asegurarse de que no hay peligro al cruzar la calle. El perro sabe que hacer. ¡Buen perro!

Entrenamiento

Los perros guía son mansos e inteligentes. Cuando son **cachorros**, aprenden a hacer cosas simples, como sentarse quietos.

Cuando son más grandes, van a una escuela especial. La gente los **entrena** para ser perros guía. Después de unos meses se les asigna un dueño a cada perro.

Los perros usan su olfato

Este perro trabaja con la policía. Ayuda a encontrar a personas que han desaparecido. Usa su nariz para reconocer olores. ¡Buen perro!

¿Podrías encontrar una persona bajo toda esta nieve? Este perro puede hacerlo. Este también usa su **sentido** del olfato. Ladrará cuando encuentre a alguien. ¡Buen perro!

Alrededor de la casa

Un perro pequeño también puede ser de gran ayuda a alguien. Este perro ayuda a una señora sorda. El perro reconoce sonidos diferentes. Le deja saber a su dueña cuando suena el timbre de la casa.

Los perros también saben cómo encender las luces y abrir las puertas. Algunos perros saben cómo usar el teléfono. Este perro lleva puesto un chaleco especial. Esto le deja saber a la gente que el perro está trabajando.

Para divertirse

Estos perros están corriendo una carrera muy larga en **Alaska**. Les gusta correr mucho y se divierten mientras trabajan. Cada día corren por muchas horas en la nieve.

Este perro se divierte mientras corre y salta. Tiene mucha energía. Está tratando de ganar una competencia, pero está bien si no gana. ¡Todavía es un perro bueno!

Glosario

Alaska   el estado más grande de los Estados Unidos

arnés   una tira sujetada al perro, que tiene una montura que la persona agarra

cachorros   perritos

entrenar   enseñar

cuidar   proteger algo

perro guía   un perro entrenado para ayudar a personas ciegas

perro pastor   un perro que cuida y mantiene a las vacas y las ovejas juntas

sentido   la capacidad de ver, oír, oler, saborear y tocar

Índice

Word Count: 372
Guided Reading Level: J